OBJETS D'ART

ET D'AMEUBLEMENT

TAPISSERIES

TABLEAUX

Vente à Paris, GALERIE GEORGES PETIT

Les 14 et 15 Juin 1920

NOTICE

DE

HUIT GROUPES

EN

Ancienne Porcelaine de Saxe

Appartenant à Madame de X.

VENTE A PARIS

GALERIE GEORGES PETIT

8, RUE DE SÈZE, 8

Le Mardi 15 Juin 1920

à deux heures

COMMISSAIRE-PRISEUR	EXPERTS
Me HENRI BAUDOIN	MM. MANNHEIM
10, rue Grange-Batelière, 10	7, rue Saint-Georges, 7

EXPOSITIONS

PARTICULIÈRE : *Le Samedi 12 Juin 1920, de 2 heures à 6 heures.*
PUBLIQUE : *Le Dimanche 13 juin 1920, de 2 heures à 6 heures.*

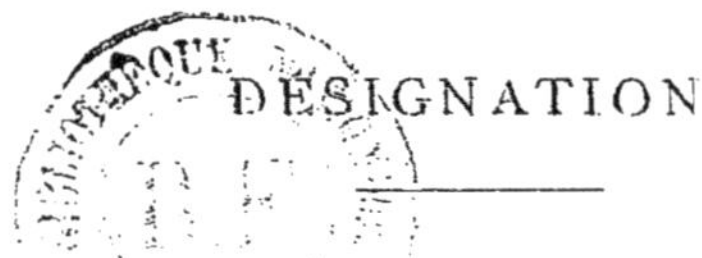

DÉSIGNATION

224 — GROUPE en ancienne porcelaine de Saxe : Jeune femme
jouant du flageolet, accompagnée d'un enfant jouant de la
flûte.

225 — GROUPE en ancienne porcelaine de Saxe : Allégorie de
la Musique, représentée par une femme écrivant de la
musique et un enfant jouant du luth.

226 — GROUPE en ancienne porcelaine de Saxe : Femme assise
au pied d'un arbre ; près d'elle, un singe ; derrière elle, sur
l'arbre, un enfant coiffé d'un chapeau vert.

227 — GROUPE en ancienne porcelaine de Saxe : Allégorie de
l'Astronomie, représentée par une femme assise tenant un
masque du Soleil, accompagnée d'un enfant dessinant.

228 — GROUPE en ancienne porcelaine de Saxe : Allégorie de
la Musique, figurée par une femme tenant une lyre accompagnée d'un enfant portant un feuillet de musique et d'un
amour jouant de la trompette.

229 — GROUPE en ancienne porcelaine de Saxe : Allégorie de
la Musique, représentée par une femme écrivant, accompagnée d'un enfant jouant du luth.

230 — STATUETTE en ancienne porcelaine de Saxe : Apollon
jouant de la lyre et vainqueur du serpent Python.

231 — GROUPE en ancienne porcelaine de Saxe : Allégorie de
la Musique, sous les traits d'une femme chantant, accompagnée d'un enfant nu.

CATALOGUE

DES

TABLEAUX

ANCIENS

Provenant de la Collection

DE

S. A. I. la Grande Duchesse Marie de Russie

Duchesse de Leuchtenberg

DONT LA VENTE AUX ENCHÈRES PUBLIQUES

AURA LIEU A PARIS

GALERIE GEORGES PETIT, 8, rue de Sèze

Le Lundi 14 Juin 1920

à deux heures

COMMISSAIRE-PRISEUR	EXPERT
Mᶜ LÉON DE CAGNY	**M. JULES FÉRAL**
18, rue Guersant, 18	7, rue Saint-Georges, 7

EXPOSITIONS

PARTICULIÈRE : *le Samedi 12 Juin 1920, de 2 heures à 6 heures*
PUBLIQUE : *le Dimanche 13 Juin 1920, de 2 heures à 6 heures*

CONDITIONS DE LA VENTE

La vénte sera faite au comptant.

Les acquéreurs paieront *17 fr. 50 pour cent* en sus du prix d'adjudication.

Paris. — Imp. Georges Petit. — 473-29.

TABLEAUX ANCIENS

BRUEGHEL (Jan, dit de Velours)
Bruxelles, 1568 † Anvers, 1625.

A — *Le Golgotha.*

Cuivre. Haut., 13 cent. ; larg., 18 cent.

ÉCOLE ALLEMANDE
xvie siècle.

B — *Portrait d'homme en habit noir bordé de fourrure.*

Cuivre de forme ovale. Haut., 13 cent. ; larg., 11 cent.

ÉCOLE HOLLANDAISE
xviie siècle.

C — *Portrait d'homme coiffé d'une toque rouge.*

Cuivre de forme ovale. Haut., 13 cent. ; larg., 10 cent.

NEER (Aert van der)
Gorichem, 1603 † Amsterdam, 1677.

D — *La Rivière au clair de lune.*

Signé à gauche, en bas, du monogramme.

Bois. Haut., 23 cent.; larg., 32 cent.

PÉRUGIN
(École de Pietro Vannucci, dit Le)

E — *La Vierge et l'Enfant Jésus.*

Bois. Haut., 52 cent.; larg., 39 cent.

Un tableau original du maître, d'une composition sensiblement similaire, est conservé à la Galerie Borghèse, à Rome.

REMBRANDT
(Attribué à Harmensz. van Rijn, dit)

F — *Portrait présumé de la mère de l'artiste.*

On relève à droite, en haut, un monogramme et une date : *R. 1627* (?).

Bois. Haut., 14 cent.; larg., 11 cent.

TITIEN (École de Tiziano Vecelli, dit)

G — *Le Christ à la couronne d'épines.*

Toile. Haut., 46 cent.; larg., 35 cent.

OBJETS D'ART

ET D'AMEUBLEMENT

TAPISSERIES

TABLEAUX

CONDITIONS DE LA VENTE

Elle sera faite au comptant.

Les acquéreurs payeront **17 fr. 50 pour cent** en sus des enchères.

ORDRE DES VACATIONS

Le Lundi 14 Juin 1920.

	Numéros.
Gravures, aquarelles, tableaux	1 à 42
Faïences, porcelaines	43 à 103
Sculptures	132 à 136
Objets divers	126 à 131

Le Mardi 15 Juin 1920.

Orfèvrerie	104 à 125
Bronzes, pendules.	137 à 164
Sièges	165 à 177
Meubles	178 à 200
Tapisseries	201 à 223

Paris. — Imp. Georges Petit. — 471-20.

CATALOGUE

DES

OBJETS D'ART

ET D'AMEUBLEMENT

Faïences de Marseille — Porcelaines de Sèvres pâte tendre
Porcelaines de Saxe

ORFÈVRERIE FRANÇAISE ET ALLEMANDE

PETIT GROUPE EN TERRE CUITE PAR CLODION

Bustes en terre cuite du XVIIIe siècle

BRONZES ET PENDULES DES ÉPOQUES LOUIS XV, LOUIS XVI ET AUTRES

Sièges couverts en ancienne Tapisserie

MEUBLES des XVIe, XVIIIe Siècles et autres

TAPISSERIES

des Gobelins, de Beauvais, des Flandres et d'Aubusson

TABLEAUX ANCIENS

ET MODERNES

PAR

H.-P. DANLOUX, J.-L. DEMARNE, DIETRICH, J.-B. LEPRINCE
P.-A. DE MACHY, D. TENIERS, F. DE TROY, L.-M. VANLOO, ETC., ETC.

A.-E. FRAGONARD, N.-A. TAUNAY, ETC.

Aquarelles, Dessins, Gouaches, Pastel

MINIATURES

PAR J.-B. HUET, J.-B. ISABEY, J.-B. MASSÉ, V.-J. NICOLLE, ETC.

GRAVURES EN COULEURS

DONT LA VENTE AUX ENCHÈRES PUBLIQUES AURA LIEU A PARIS

GALERIE GEORGES PETIT, 8, rue de Sèze

Les Lundi 14 et Mardi 15 Juin 1920, à deux heures

COMMISSAIRE-PRISEUR : Me HENRI BAUDOIN, 10, rue Grange-Batelière

EXPERTS :

MM. MANNHEIM	**M. JULES FÉRAL**
7, rue Saint-Georges, 7	7, rue Saint-Georges, 7

EXPOSITIONS

PARTICULIÈRE : *le Samedi 12 Juin 1920, de 2 heures à 6 heures.*
PUBLIQUE : *le Dimanche 13 Juin 1920, ae 2 heures à 6 heures.*

GRAVURES

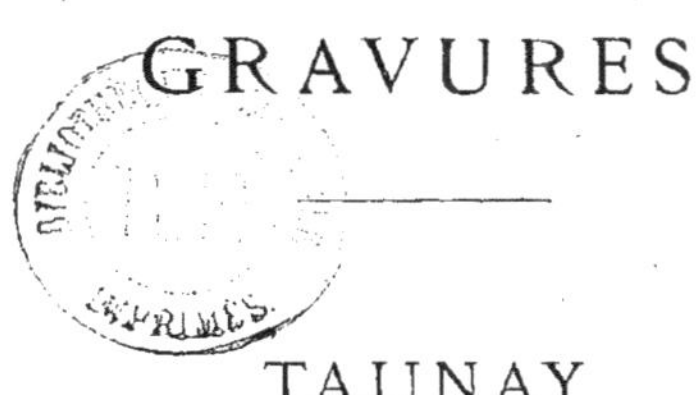

TAUNAY

(D'après N.)

DEUX PENDANTS

1 — *La Noce de village.*

2 — *La Foire de village.*

Gravures en couleurs par Ch.-M. Descourtis.

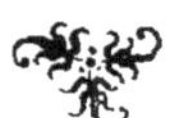

AQUARELLES, DESSINS
GOUACHES, PASTEL, MINIATURES

DAVID
(Attribué à JACQUES-LOUIS)
Paris, 1748 † Bruxelles, 1825.

DEUX PENDANTS

3 — *Portrait d'homme.*

4 — *Portrait de femme.*

Crayon noir, sanguine, lavis d'encre de Chine et rehauts de blanc. Dessins de forme ovale.

Haut., 22 cent ; larg., 17 cent.

ECOLE FRANÇAISE
XVIIIe siècle.

DEUX PENDANTS

5-6 — *Paysages, animaux et figures.*
Gouaches.

Haut., 16 cent.; larg., 24 cent.

ECOLE FRANÇAISE

xviiie siècle.

7 — *Portrait présumé de Mme de Chatenay, mère.*

Les yeux bruns, le visage souriant et tourné de trois quarts vers la droite, elle est assise, vue à mi-corps, le bras gauche accoudé sur une table couverte d'un tapis bleu, la joue légèrement appuyée sur la main. Elle est vêtue de blanc, une fanchon de dentelle garnie d'un ruban bleu nouée sous le menton et, derrière elle, posé contre d'autres volumes, un livre est ouvert; on lit sur une page : DE NEWTON.

Pastel.

Haut., 72 cent.; larg . 60 cent.

G. K

xviiie siècle.

8 — *Scène d'intérieur.*

Dans la salle d'un palais, décorée de nombreuses œuvres d'art, un homme vêtu d'un habit jaune, debout, au centre, entre une jeune fille en robe rouge et une jeune femme en robe lilas garnie de dentelle, tourne le visage vers une statue qu'un garçonnet essaie de voiler et de dérober à ses regards à l'aide d'une draperie verte dont il la recouvre en partie. A gauche, un polichinelle gît, renversé, sur le parquet et, à droite, un petit chien est couché sur un siège.

Gouache.

Signée à gauche, en bas, des initiales : *G. K.*

Haut., 41 cent.; larg., 31 cent.

HUET
(JEAN-BAPTISTE)
Paris, 1745 † Paris, 1811.

9 — *Pastorale.*

Signé à gauche, en bas, et daté : *1799*.
Dessin à la plume et au lavis de bistre.

Haut., 27 cent.; larg., 19 cent.

ISABEY
(JEAN-BAPTISTE)
Nancy, 1767 † Paris, 1855.

10 — *Portrait de M. Henri Boutin de Beauregard.*

Miniature de forme ovale.
Signée et datée : *J. Isabey, 1844*.

Haut., 13 cent.; larg., 10 cent.

ISABEY
(JEAN-BAPTISTE)

11 — *Portrait du docteur Dubois.*

Miniature de forme ovale.
En bas, sur l'encadrement doré, la dédicace : *A son ami Boutin. Isabey, 1837*.

Haut., 14 cent.; larg., 10 cent.

MASSÉ
(JEAN-BAPTISTE)
Paris, 1687 † Paris, 1789.

12 — *Les Frères Godefroy et M. Fallavel.*

Ils sont représentés dans une salle d'étude, l'un, Gabriel Godefroy, « l'Enfant au toton » de CHARDIN, penché sur une carte, une plume d'oie à la main, l'autre, Charles Godefroy, « le Jeune Homme au violon » du même artiste, assis près d'une mappemonde et de modèles en plâtre pour le dessin. Derrière eux, les mains croisées, le visage de trois quarts vers la droite, M. Fallavel; au fond, une bibliothèque.

Sanguine.

Signée à droite, en bas, sur un manuscrit : *Dédié à Monsieur Charles Godefroy par son très humble serviteur J.-B. Massé, 1736.*

Haut., 57 cent.; larg., 43 cent.

Cadre en bois sculpté.

Au verso, on relève la mention d'écriture ancienne : *Monsieur Godefroy et Monsieur Falavelle.*

Ce dessin, déjà précieux comme une page d'un maître assez rare, acquiert en outre une valeur iconographique particulière, du fait qu'il reproduit les traits de deux personnages, dont Chardin a fixé l'image charmante dans deux œuvres célèbres, aujourd'hui au Louvre : « L'Enfant au toton » et « Le Jeune Homme au violon ».

Reproduit dans la *Gazette des Beaux-Arts*, février 1909, 620ᵉ livraison, p. 149 : « Dans son testament, où Massé parle à multiples reprises, en termes très affectueux, de la famille Godefroy et par lequel il laissa en souvenir divers objets d'art à l'un ou l'autre des deux frères, ce dessin est en outre mentionné comme legs fait à l'aîné : il sera remis de plus à M. de Villetaneuse (Charles Godefroy, écuyer, seigneur de Villetaneuse), aussitôt après mon décès, un dessin de moy, d'après nature, au crayon sur papier blanc, de son portrait, de celui de M. son frère et de notre ami commun, M. Fallavel l'aîné. Il est sous glace, dans une bordure que j'ay fait faire depuis peu. Ce morceau est, dans son tout, le fruit de la reconnaissance et de la plus vive passion de plaire à ce qu'on aime ». Article de M. Paul Leprieur.

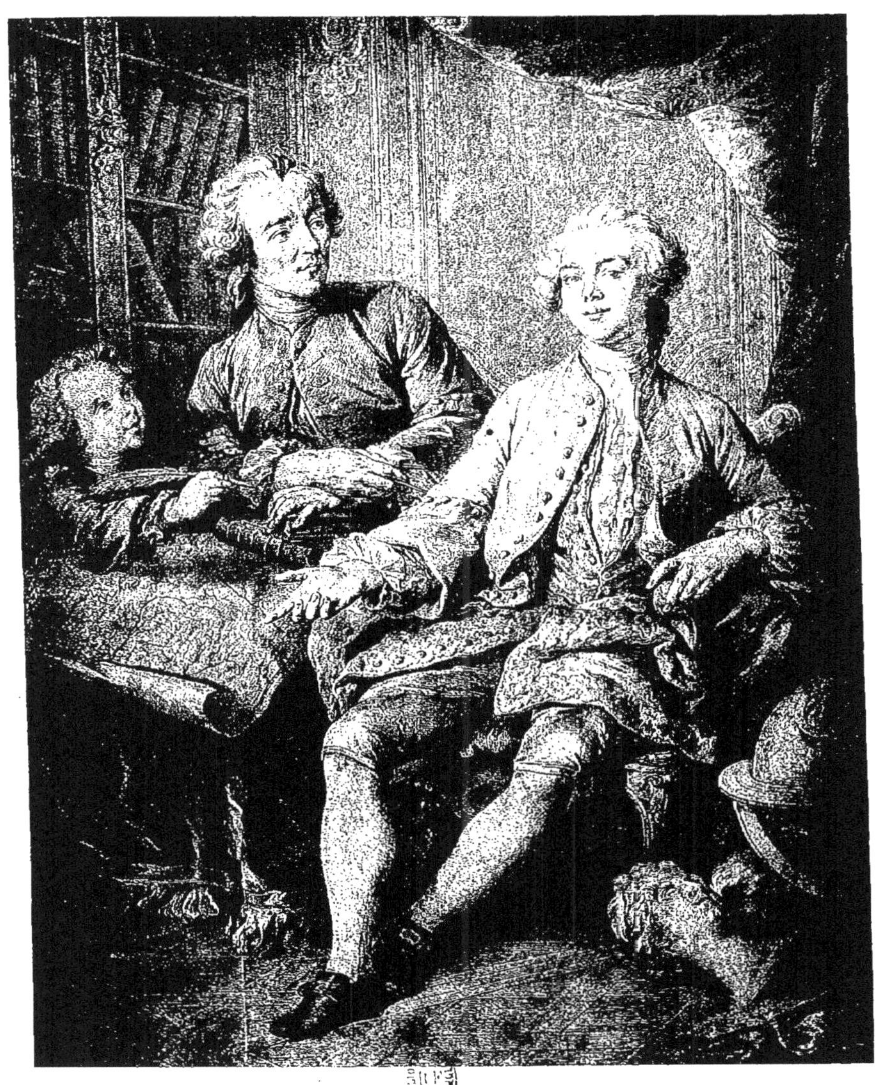

MASSÉ
(JEAN-BAPTISTE)

13 — *Portrait de Mme Charles Godefroy.*

Le visage souriant sous un léger bavolet de lingerie, et tourné de trois quarts vers la droite, elle est représentée en buste, un bouquet au corsage.

Sanguine. Dessin de forme ovale.

Haut , 15 cent. ; larg., 11 cent.

On lit, au-dessous de l'image : « Marie Dubois, épouze de Charles Godefroy, capitoul de Tolouze, née le 12 aoust 1698, décédée le 21 janvier 1756. Dessiné par J.-B. Massé, âgé de 31 an (sic) en 1719 ». On lit également, au revers du cadre, la note suivante : « Madame Godefroy. — Son esprit qui embrassait avec avidité tout ce qu'il y a de grand et de beau, joint aux charmes naturels de sa figure, la faisait généralement aimer. — Je n'ai pu me refuser à la satisfaction d'ajouter cette notte (sic) au revers de son portrait, en le donnant à son aimable fils, mon bon ami, Messire Gabriel Godefroy, écuyer, contrôleur général de la Marine. A Paris, ce 7 avril 1761. J.-B. Massé, âgé de 73 ans, 3 mois et 3 jours. »

Reproduit dans la *Gazette des Beaux-Arts*, février 1909, 620e livraison, page 148.

— Cf. le n° 39 du présent catalogue et les lignes consacrées par M. Leprieur aux portraits de M. et de Mme Godefroy, par F. de Troy, n° 38.

NICOLLE
(VICTOR-J.)
1759 † 1813.

14 — *Les Remparts.*
Aquarelle.

Haut., 7 cent.; larg., 11 cent.

NICOLLE
(VICTOR-J.)

15 — *L'Arc de Titus et le Colisée.*
Aquarelle.

Haut., 6 cent.; larg., 9 cent.

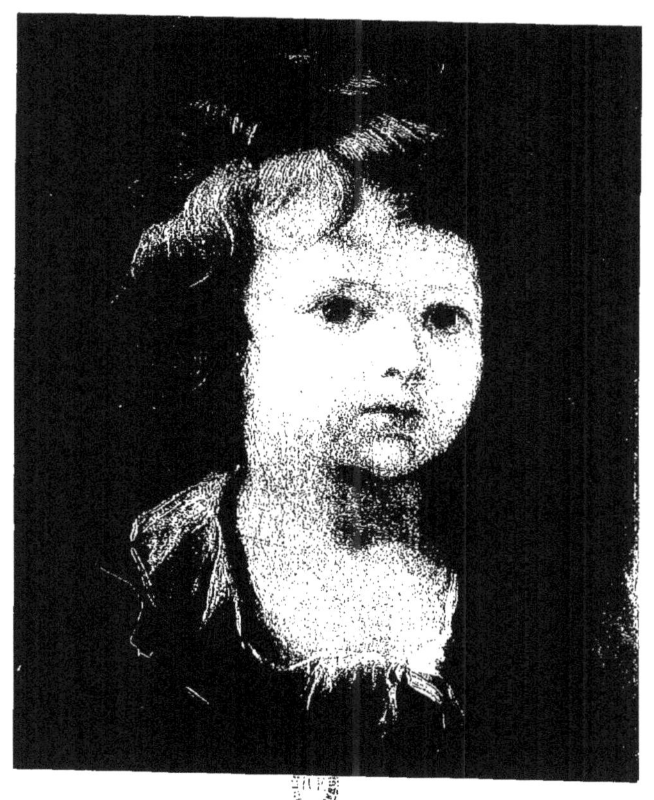

TABLEAU|X ANCIENS
ET MODERNES

DANLOUX
(HENRI-PIERRE)
Paris, 1753 † Paris, 1809.

16 — *Portrait d'un garçonnet.*

Les cheveux blonds bouclant sur la nuque, la bouche
entr'ouverte, le visage souriant et tourné de trois quarts
vers la droite, il est représenté en buste, un petit col de
lingerie retombant sur son habit brun.

Toile. Haut., 59 cent.; larg., 31 cent.

Cadre en bois sculpté.

DEMARNE
(JEAN-LOUIS)
Bruxelles, 1744 † Paris, 1829.

17-20 — *Ruth et Booz.*

Suite de quatre peintures.

Bois. Haut., 16 cent.; larg., 22 cent.

DIETRICH

(CHRISTIAN-WILHELM-ERNST DIETRICY, ou)

Weimar, 1712 † Dresde, 1774.

21 — *Assemblée dans un parc.*

Une jeune femme, en robe de satin blanc décolletée, est assise sur un tertre près d'un jeune homme en habit rouge, qui se penche vers elle, le bras gauche passé derrière sa nuque. D'autres couples les entourent. Au centre, près de deux enfants qui jouent à ses pieds avec des guirlandes de fleurs, une seconde jeune femme, vêtue d'une robe jaune, le visage de profil à gauche, est accoudée sur une pierre, un éventail à la main. Une troisième, à droite, coiffée d'un chapeau garni de plumes, en corsage noir, retourne le visage vers le spectateur. Un terme de pierre se dresse, sous de grands arbres, au centre de la composition.

Toile. Haut., 1 m. 10; larg., 1 m. 38.

Cadre en bois sculpté.

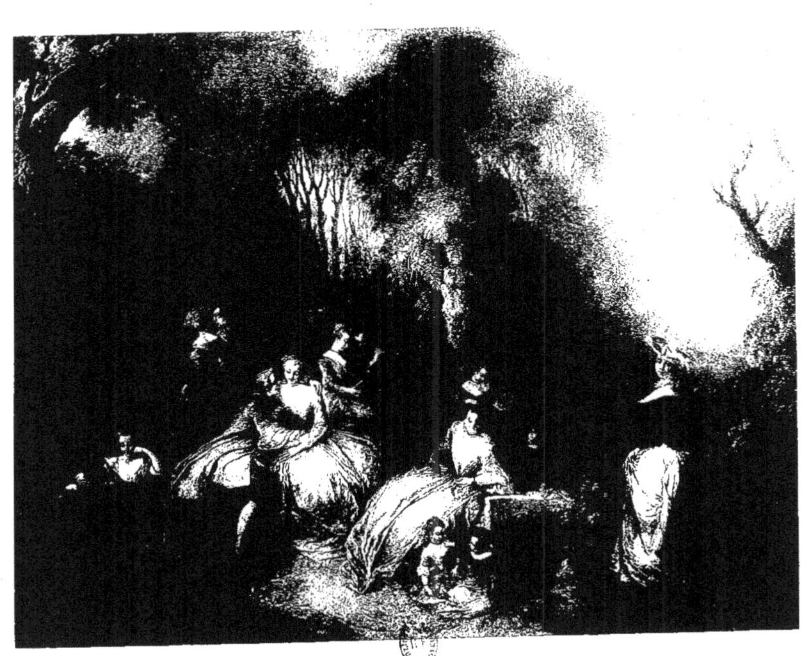

Héliog. Léon Marotte Paris

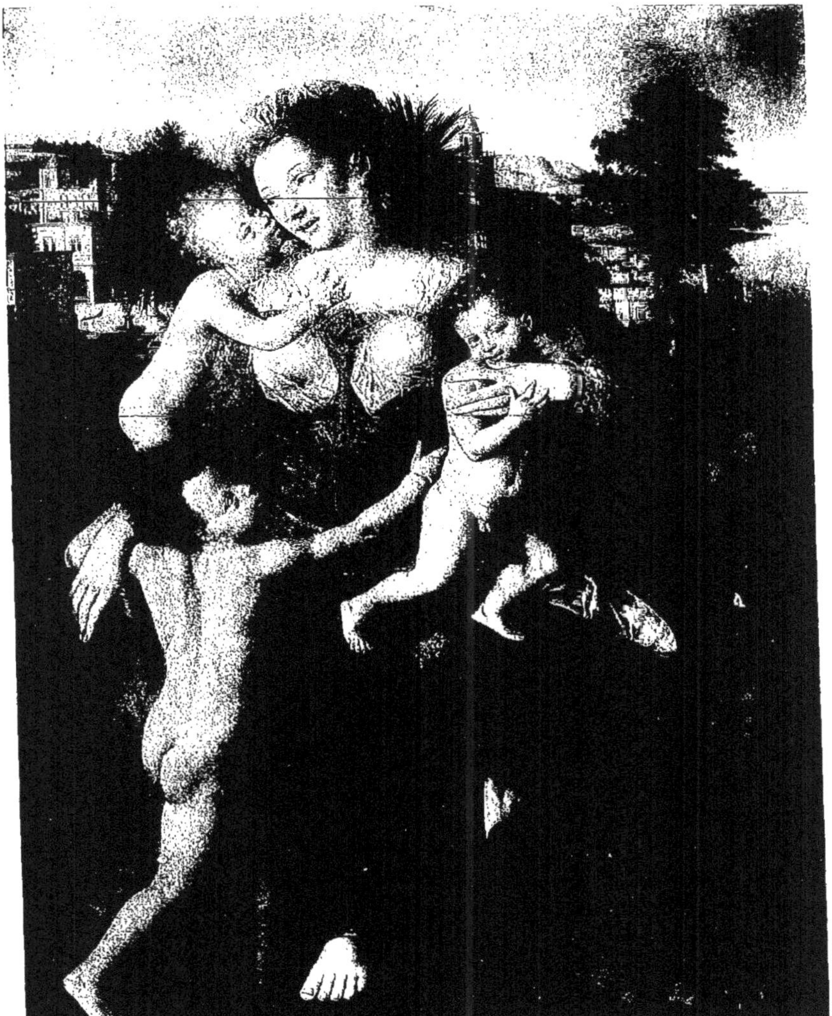

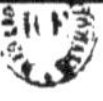

Hélio Léon Marotte Paris

ECOLE FLAMANDE

xviie siècle.

22 — *La Fécondité.*

Sous les traits d'une jeune femme aux cheveux blonds
que recouvre un bonnet de gaze transparente. Elle est
assise, au centre, dans un paysage, en robe rouge brodée
d'or, la poitrine à demi découverte et tient un enfant
nu debout sur ses genoux. Un autre enfant lui entoure
le cou de ses petits bras et un troisième, à ses pieds,
lève la tête, en souriant, vers elle. A gauche, un palais;
à droite, les constructions d'une ville au bord de la mer;
au fond, des collines.

Bois. Haut., 1 m. 3ç ; larg., 1 m. 04.

Cadre en bois sculpté.

Cette œuvre importante peut être de Jean Matsys.

ECOLE FRANÇAISE
xviiiᵉ siècle.

23 — *Portrait d'homme.*

La perruque poudrée, le visage tourné de trois quarts
vers la gauche, en habit noir, il est assis sur un siège
tendu de velours vert et tient pensivement un livre de
la main gauche.

Toile. Haut., 98 cent.; larg., 79 cent.

ETTY
(Attribué à WILLIAM)
York, 1787 † York, 1849.

24 — *Portrait de jeune femme.*

Le visage souriant appuyé sur sa main droite, la
chevelure brune et défaite, elle est vêtue d'une robe
blanche décolletée et vue presque à mi-jambes.

Toile. Haut., 89 cent.; larg., 71 cent.

Cadre en bois sculpté.

FRAGONARD
(ALEXANDRE-ÉVARISTE)
Grasse, 1780 † Paris, 1856.

25 — *Jeunes Femmes en prière.*

Au revers, sur le châssis, la mention : *Fragonard,
19 avril 1820.*

Toile. Haut., 16 cent.; larg., 11 cent.

LARGILLIÈRE
(Attribué à NICOLAS DE)

Paris, 1656 † Paris, 1746.

26 — *Portrait de femme.*

La chevelure poudrée, le visage tourné de trois quarts
vers la droite, un bouquet de fleurs de grenadier au
corsage, elle est représentée à mi-jambes. Elle porte une
robe de satin blanc à revers bleus et un manteau rouge
flotte derrière son épaule. La main droite posée sur la
tête d'un petit chien, elle tient une houlette de l'autre
main. Au fond, des arbres.

Toile. Haut., 1 m. 38 ; larg., 1 m. 05.

Cadre en bois sculpté.

LARGILLIÈRE
(École de NICOLAS DE)

27 — *Portrait de femme.*

Les cheveux poudrés et bouclés, la main droite posée
près d'un bouquet de fleurs qui orne son corsage. Elle
est vue presque à mi-corps.

Toile. Haut., 81 cent.; larg., 63 cent.

Cadre en bois sculpté.

LÉPICIÉ
(Attribué à NICOLAS-BERNARD)
Paris, 1735 + Amsterdam, 1784.

28 — *Buste de jeune garçon.*

Les cheveux blonds, rieur, vêtu de rouge.

Toile. Haut.. 38 cent.; larg., 36 cent.

LEPRINCE
JEAN-BAPTISTE)
Metz, 1733 + Saint-Denis-du-Port, 1781.

29 — *La Sultane.*

Un oriental, en manteau vert, coiffé du turban, se
penche sur le lit de repos, où elle est mollement
étendue, et tend les bras vers elle. Une jeune femme
et un page sont debout à ses côtés; au fond, d'autres
personnages.

Toile. Haut., 38 cent.; larg., 45 cent.

Cadre en bois-sculpté.

MACHY
(PIERRE-ANTOINE DE)
Paris, 1723 † Paris, 1807.

DEUX PENDANTS

30-31 — *Ruines, figures et animaux.*
Bois de forme ovale. Haut., 13 cent.; larg., 18 cent.

MACHY
(PIERRE-ANTOINE DE)

32 — *La Porte Saint-Denis.*
Bois de forme ovale. Haut., 8 cent.; arg., 11 cent.

MIGNARD
(École de)

33 — *La Fillette au petit chien.*
Toile. Haut., 52 cent.; larg., 45 cent.

TARAVAL
(Attribué à HUGUES)
Paris, 1728 ✝ Paris, 1785.

34 — *Le Triomphe d'Amphitrite.*

La déesse apparaît mollement étendue, le buste nu à demi-redressé, une étoffe blanche drapée sur ses genoux, portée par un char marin qu'entourent des néréïdes et des tritons jouant parmi les vagues. Un amour, assis à ses pieds, tient un arc de la main droite et une divinité, coiffée d'algues, lui présente une conque remplie de perles. D'autres amours volent dans le ciel avec des colombes, tenant des torches ou déployant une écharpe rouge que gonfle une brise légère.

Toile. Haut., 1 m. 12; larg., 95 cent

Un tableau similaire du maître, exposé au Salon de 1777, est conservé au Musée du Louvre.

TAUNAY
(NICOLAS-ANTOINE)
Paris, 1755 ✝ Paris, 1830.

35 — *Portrait de M. Gabriel Godefroy âgé.*

Le visage de face et souriant, les cheveux blancs, en habit bleu ouvert sur un jabot de lingerie, il est représenté en buste.

Toile. Haut., 45 cent.; larg., 37 cent.

Reproduit dans la *Gazette des Beaux-Arts,* article cité, page 151.

« Un portrait de lui (Gabriel Godefroy, écuyer, contrôleur général de la Marine), par son ami Taunay, alors qu'il touchait à l'extrême vieillesse — peinture alerte, fraîche et légère, également reproduite ci-jointe — dont le rapprochement avec l'œuvre de Chardin, « l'Enfant au toton », est d'un intérêt assez piquant. Dans l'avenant vieillard à cheveux et favoris blancs de neige survit de façon frappante, en même temps que la conformation spéciale de la bouche et des yeux, l'expression même de fine et spirituelle vivacité qu'avait déjà l'enfant. »
PAUL LEPRIEUR.

TENIERS
(DAVID, dit LE JEUNE)
Anvers, 1610 + Bruxelles, 1690.

36 — *Les Moissonneurs.*

L'un d'eux, en feutre gris, veste bleue, culotte brune, suivi d'un chien, est arrêté sur une route, un râteau sur l'épaule et s'entretient avec deux villageois et une villageoise. A gauche, dans un champ, un paysan dresse des gerbes et un berger garde ses moutons. Au fond, un village dominé par un clocher.

Signé à droite, en bas.

Bois. Haut., 27 cent. ; larg., 36 cent.

Cadre en bois sculpté.

Collection de M. Marcel Cottreau, vente à Paris le 12 juin 1919, n° 20 du catalogue.

TENIERS
(Attribué à DAVID)

37 — *La Boucherie.*

On relève en bas, vers le centre, un monogramme : *D. T.*

Bois. Haut., 21 cent.; larg., 17 cent.

TROY

(FRANÇOIS DE)

Toulouse, 1654 † Paris, 1730.

38 — *Portrait présumé du joaillier Godefroy.*

Une ample perruque poudrée, retombant en boucles sur les épaules, le visage de trois quarts vers la droite, il est vu presque à mi-corps, drapé d'un manteau violacé liseré d'or et tient une lettre de la main droite.

Signé à gauche, en haut, et daté : *Peint par F. de Troy père en 1723.*

Toile. Haut., 80 cent. ; larg., 64 cent.

Cadre en bois sculpté.

Reproduit dans la *Gazette des Beaux-Arts*, 620e livraison, p. 145.

M. Paul Leprieur, auteur de l'article, lui consacre, ainsi qu'au portrait de Mme Godefroy (cf. no suivant), les lignes ci-après : « Deux brillants portraits, signés et datés de *F. de Troy père*, 1723, et que des miniatures répètent à multiples exemplaires, nous offrent ainsi l'image du joaillier et de sa femme. Bien qu'ils ne semblent pas avoir été gravés, la chose paraît pouvoir être établie de façon catégorique; et il est curieux d'y retrouver plus d'un trait de ressemblance chez le père avec l'énergie du fils aîné, chez la mère avec la grâce du cadet. L'homme majestueusement drapé de velours violet, qui tient en main une lettre d'affaires datée « de Londres, le 30 janvier 1723 » a, notamment, tout à fait l'allure décidée et entreprenante du grand financier et commerçant qu'on imagine. La femme à l'air aimable et avenant, qui forme pendant, est, de plus, visiblement la même personne qui, en un autre portrait de la même collection, sûrement garanti comme celui de Mme Godefroy. C'est une sanguine de Massé... ». (Cf. no 13 du présent catalogue.)

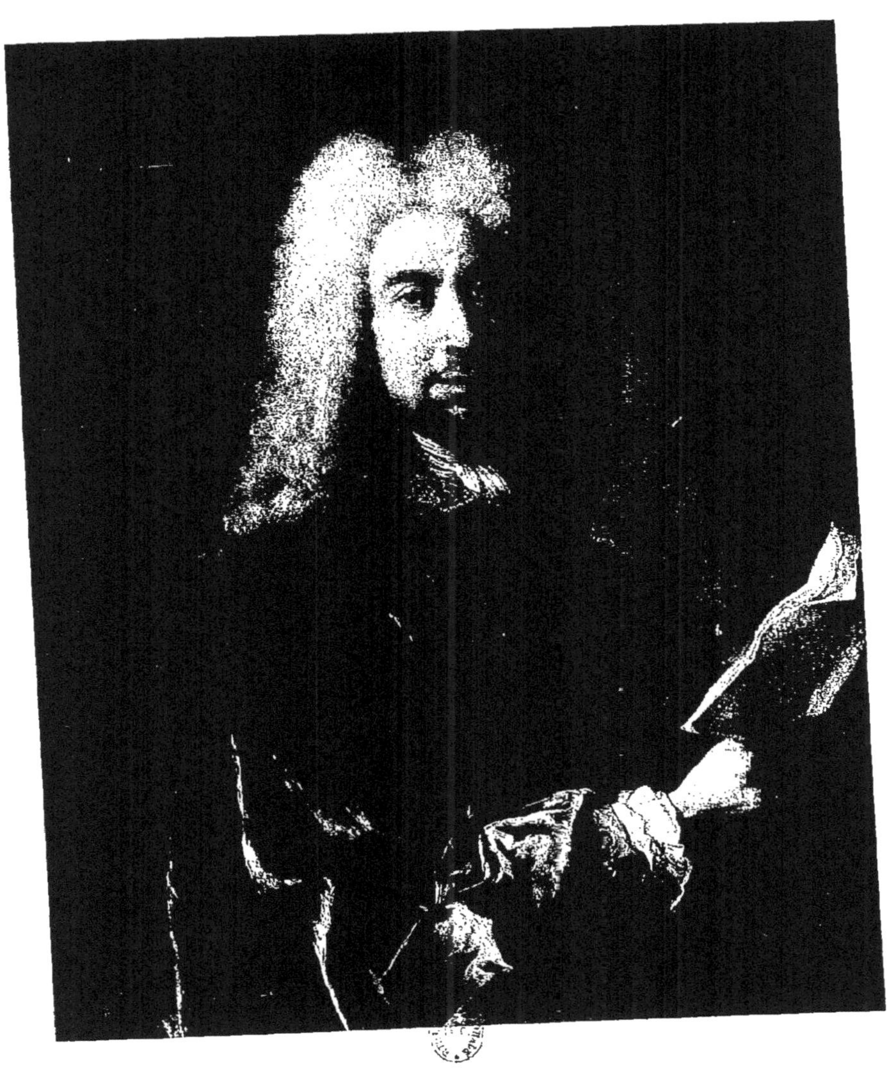

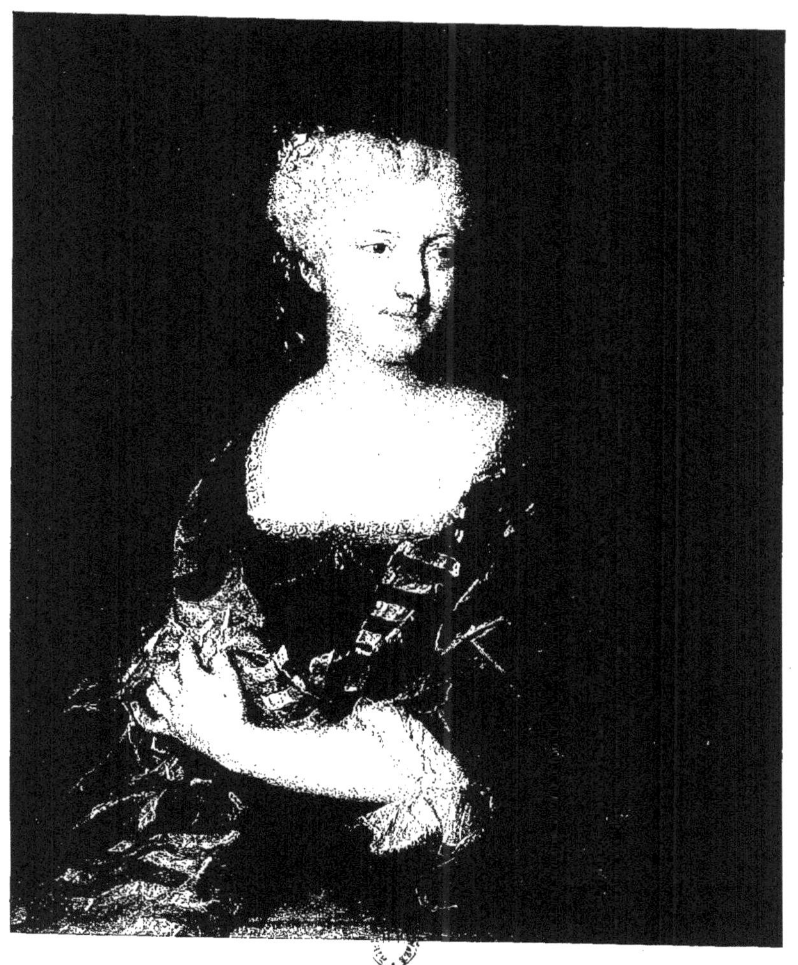

Héliog. Léon Marotte, Paris

TROY

(FRANÇOIS DE)

PENDANT DU PRÉCÉDENT

39 — *Portrait présumé de Mme Godefroy.*

Un bouquet de fleurs épinglé sur sa chevelure poudrée,
le visage souriant et tourné de trois quarts vers la
droite, elle est représentée à mi-corps. Le bras gauche
appuyé sur une table de marbre, une écharpe de gaze
rayée sur les épaules, elle porte un corsage bleu bordé
de perles.

Signé à gauche, en haut : *Peint par F. de Troy père
en 1723.*

Toile. Haut , 80 cent. ; larg., 64 cent.

Cadre en bois sculpté.

Reproduit dans la *Gazette des Beaux-Arts*, 620e livraison, p. 147.
— Cf. nos 13 et 38 du présent catalogue.

VALLIN
(JACQUES-ANTOINE)
École française, fin du xviii· siècle, commencement du xix· siècle.

40 — *Une Bacchante.*

En buste, couronnée de pampres, la tête inclinée vers la droite.

Toile. Haut., 44 cent.; larg., 36 cent.

VANLOO
(LOUIS-MICHEL)
Toulon, 1707 + Paris, 1771.

41 — *Portrait de Charles-Yves Thibault, comte de la Rivière.*

Le visage de trois quarts à gauche, la perruque poudrée, le poing sur la hanche, il est représenté à mi-corps. Un manteau rouge couvre en partie sa cuirasse, que barre un ruban de même couleur, et il tient de la main droite le bâton du commandement.

On lit, en bas, l'inscription : Charles Yves Thibault, comte de La Rivière, lieutenant général des armées du Roy, capitaine lieutenant de la seconde compagnie des mousquetaires de sa Majesté. Grand croix de l'ordre de St-Louis. Gouverneur de Rocroy et de St-Brieux.

Signé et daté à gauche, vers le centre : *Van Loo, 1765.*

Haut., 98 cent. ; larg., 79 cent.

WATTEAU
(École d'ANTOINE)

42 — *La Danse champêtre.*

Toile. Haut., 50 cent.; larg., 77 cent.

Cadre en bois sculpté.

Objets d'Art et d'Ameublement

FAIENCES DE MARSEILLE
et autres

43 — Deux pots ovoïdes, en ancienne faïence de Venise, décorés chacun de deux médaillons contenant un buste de personnage et se détachant sur fond bleu chargé de feuilles et fleurs.

44 — Petit plat en ancienne faïence d'Urbino : Hercule et Déjanire.

45 — Petit plat en ancienne faïence d'Urbino : le taureau de Pasiphaé.

46 — Hanap-casque en ancienne faïence de Rouen, à décor de lambrequins en camaïeu bleu, avec mascaron sous le déversoir.

47 — Porte-huilier en ancienne faïence de Rouen, décor à la corne tronquée.

48 — Assiette en ancienne faïence de Rouen : chinois et pagode.

49 — COMPOTIER en ancienne faïence de Rouen : vase de fleurs et petits paysages.

5o — ASSIETTE analogue.

51 — PLATEAU oblong, en ancienne faïence de Moustiers, décor bleu d'après Bérain.

52 — DEUX GRANDES POTICHES, avec couvercles, en ancienne faïence de Delft, décorées, en bleu, de haies fleuries avec oiseaux ainsi que de lambrequins, réserves et quadrillés à l'épaulement ; haies fleuries, fleurs et animaux sur les couvercles.

53 — DOUZE ASSIETTES en ancienne faïence de Marseille à décor de personnages en camaïeu vert. Seront divisées.

54 — SIX PLATS carrés, des mêmes décor et faïence. Seront divisés.

PORCELAINES DE SÈVRES
et autres

55 — POT à lait, douze tasses et douze soucoupes, en ancienne porcelaine tendre de Sèvres : médaillons, oiseaux et arbustes, fond bleu à guirlandes dorées. Année 1765. Décor par Aloncle.

Vente Chappey, mai 1907.

56 — TÊTE-A-TÊTE en ancienne porcelaine tendre de Sèvres, composé d'un sucrier avec couvercle, d'un pot à lait, de deux tasses avec soucoupes et d'un plateau ovale à bords festonnés, muni de deux anses. Il est orné de roses dans des entrelacs de feuilles dorées, séparés par des guirlandes de laurier et de fleurs violettes. Année 1769. Décor par Micaud.

Vente Chappey, mai 1907.

57 — Partie de service en ancienne porcelaine tendre de Sèvres, modèle dit feuille de chou. Il comprend deux beurriers avec couvercles et sur plateaux fixes, deux sucriers ovales avec couvercles et plateaux, cinq coupes, quatre compotiers ronds, deux compotiers coquilles, deux plateaux ovales et trente-six assiettes.

58 — Bassin ovale en ancienne porcelaine tendre de Sèvres, à décor de réserves d'oiseaux sur fond bleu turquoise.

59 — Deux vases sur piédouches, en porcelaine dure du temps de Louis XVI, décorés de réserves : paysages animés et oiseaux sur fond rose à œils-de-perdrix avec guirlandes en relief et dorées rattachées par des nœuds de rubans. Ils sont accompagnés d'une monture en bronze.

Vente Chappey, mai 1907.

60 — Vase-rouleau présentant de nombreuses femmes faisant de la musique; sur le col, des bambous; sur l'épaulement, des rinceaux. Ancienne porcelaine de Chine, époque Kang-hi.

Vente Gerbeau, avril 1908.

61 — Vase-rouleau en ancienne porcelaine de Chine, époque Kang-hi, décoré de quatre compartiments contenant des scènes familiales et bordés de rinceaux.

Vente de Mme D..., décembre 1905.

62 — Petit buste de Mirabeau, en ancien biscuit de la manufacture du faubourg Saint-Denis.

63 — Deux assiettes en ancienne porcelaine de Chine, époque Kien-lung : paysage avec muraille; marli à fleurs.

64 — Deux vases en ancienne porcelaine du Japon, à décor bleu, rouge, vert et or : paysages et fleurs sur fond bleu. Bases en bronze.

PORCELAINES D'ALLEMAGNE

65 — PENDULE de forme contournée, en ancienne porcelaine de Saxe, surmontée d'un vase de fleurs et décorée de trois figurines : Flore et amours.

Vente Baronne de Gargan, mai 1904.

66 — DEUX VASES avec couvercles ajourés, en ancienne porcelaine de Saxe, à décor de jeux d'amours ; ils présentent, en outre, des enfants nus en ronde bosse, ainsi que des fruits, des fleurs et des feuillages.

67 — VASE à couvercle ajouré, en ancienne porcelaine de Saxe à décor de fleurs ; il présente, en outre, des amours, des fruits, des fleurs en ronde bosse et est muni de deux anses branchages.

68 — SIX FIGURINES d'amours tenant un cartouche, en ancienne porcelaine de Saxe, sur base en bronze argenté avec arbustes.

69 — SALIÈRE à trois cavités, décor de fleurs et fruits. Ancienne porcelaine de Saxe.

70 — SUCRIÈRE balustre, décor de fleurs, en ancienne porcelaine de Saxe.

71 — BEURRIER ovale avec couvercle, décor de fleurs, en ancienne porcelaine de Saxe.

72 — MOUTARDIER avec couvercle, décor de fruits et fleurs, en ancienne porcelaine de Saxe.

73 — SUCRIER quadrilobé avec couvercle, décor de fleurs, en ancienne porcelaine de Saxe.

74 — TROIS PETITS PLATEAUX ovales, décorés de fleurs. Ancienne porcelaine de Saxe.

75 — Trois compotiers quadrilobés, décor de fleurs. Ancienne porcelaine de Saxe.

76 — Quatre plateaux coquilles, décor de fleurs. Ancienne porcelaine de Saxe.

77 — Compotier à bords ajourés, décor de fleurs. Ancienne porcelaine de Saxe.

78 — Deux compotiers, décor de fleurs; bordure simulant la vannerie. Ancienne porcelaine de Saxe.

79 — Sucrier rond avec couvercle, décor de fleurs, bordure simulant la vannerie. Ancienne porcelaine de Saxe.

80 — Deux saucières, décor de fleurs. Ancienne porcelaine de Saxe.

81 — Deux plateaux, forme feuille, munis chacun d'une poignée, décor de fleurs. Ancienne porcelaine de Saxe.

82 — Deux pièces de surtout, en ancienne porcelaine de Saxe, à corbeilles ajourées portées par un palmier et un poisson que soutient un groupe de deux enfants nus.

83 — Pièce de surtout, en forme de plateau surmonté d'un vase de fleurs entouré de quatre figurines d'amours; ancienne porcelaine de Saxe.

84 — Quatre salières ovales décorées de fleurs; ancienne porcelaine de Saxe.

85 — Deux salières ovales, décorées de fleurs; en ancienne porcelaine de Saxe.

86 — JARDINIÈRE à bords contournés et pourtour ajouré décoré de fleurs ; ancienne porcelaine de Saxe.

87 — TROIS COMPOTIERS en ancienne porcelaine de Saxe, décor de fleurs ; bordure simulant la vannerie.

88 — TROIS ASSIETTES décorées de quatre bouquets de fleurs et d'un papillon ; ancienne porcelaine de Saxe.

89 — PETITE ASSIETTE décorée de fleurettes semées ; marli simulant la vannerie ; ancienne porcelaine de Saxe.

90 — VINGT ASSIETTES décorées de trois bouquets de fleurs, avec marli chargé de branchages fleuris, gaufrés sous couverte ; ancienne porcelaine de Saxe.

91 — VINGT-SEPT ASSIETTES décorées de fleurs ; ancienne porcelaine de Saxe.

92 — VINGT-DEUX ASSIETTES décorées de fleurs ; marli gaufré à vannerie avec filet marron ; ancienne porcelaine de Saxe.

93 — TRENTE-HUIT ASSIETTES décorées de fleurs ; marli gaufré à vannerie avec filet doré ; ancienne porcelaine de Saxe.

94 — JARDINIÈRE à bords contournés et pourtour ajouré, décor de fleurs ; porcelaine de Saxe-Marcolini.

95 — DEUX JARDINIÈRES ovales ajourées, décorées de fleurs, en porcelaine de Saxe.

96 — CUILLÈRE à sauce, cuillère à saupoudrer, pelle à beurre, deux cuillères à moutarde, deux pelles à sel ; porcelaine de Saxe.

97 — Deux flambeaux décorés de fleurs et feuilles en porcelaine de Saxe.

98 — Deux candélabres à quatre lumières, à décor de rocailles, feuilles et branches fleuries en porcelaine de Saxe.

99 — Deux coupes de surtout portées par deux enfants nus sur des troncs d'arbres ; porcelaine de Saxe.

100 — Deux bras-appliques à trois lumières, composés de rocailles et de feuilles en porcelaine de Saxe.

101 — Deux coupes de surtout, en porcelaine de Saxe surdécorée, à corbeilles supportées par deux enfants nus.

102 — Deux plateaux, forme feuille, en porcelaine de Saxe.

103 — Théière, cafetière, pot à lait, deux sucriers avec couvercles, petit plateau ovale, six tasses à café, six tasses à thé avec soucoupes, décor de fleurs; ancienne porcelaine de Nymphembourg.

ORFÈVRERIE

104 — Deux grands flambeaux en argent, à décor de ressauts en spirale, de rocailles et de fleurs. Poinçons de Prévost, adjudicataire des droits de marque, année 1765-66.

105 — Chope avec couvercle, de forme cylindrique, en argent repoussé, à décor de chérubins tenant les instruments de la Passion. Augsbourg, xviie siècle.

106 — PETIT BOCAL avec couvercle et sur trois pieds boules, en argent gravé et doré, à petits paysages. Augsbourg, xviiie siècle.

107 — GRANDE BOITE à thé, hexagone, avec couvercle, en argent repoussé et doré, présentant des bustes d'empereurs romains. Augsbourg, xviiie siècle.

108 — HANAP avec couvercle, en argent partiellement doré, à sujet tiré de l'histoire de Joseph. Augsbourg, xviiie siècle.

109 — HANAP avec couvercle, en argent partiellement doré, à décor de rinceaux ajourés avec trois médaillons bustes. Allemagne, xviiie siècle.

110 — BOCAL avec couvercle, sur trois pieds boules, en argent, présentant trois sujets allégoriques à l'Amour et à la Solitude. Allemagne, xviiie siècle.

111 — GROS BOCAL avec couvercle, simulant un ananas, en argent partiellement doré; tige formée d'un tronc d'arbre. Allemagne, xviiie siècle.

112 — HANAP avec couvercle, en argent repoussé et partiellement doré, à décor de grosses fleurs. Allemagne, xviiie siècle.

113 — PETIT HANAP avec couvercle, en argent doré, décoré de rinceaux feuillagés en application d'argent repoussé. Allemagne, xviiie siècle.

114 — HANAP avec couvercle, en argent partiellement doré; sujet allégorique aux saisons. Allemagne, xviiie siècle.

115 — HANAP avec couvercle, en argent repoussé et gravé à fleurs et armoiries. Allemagne, xviiie siècle.

116 — Hanap avec couvercle, en argent repoussé et partiellement
doré, à trois médaillons contenant des sujets tirés de la vie
du Christ. Allemagne, xviiie siècle.

117 — Hanap en argent repoussé et doré, à fruits. Allemagne,
xviiie siècle.

118 — Hanap avec couvercle, en argent partiellement doré, à
décor de jeux d'enfants. Allemagne, xviiie siècle.

119 — Grand bocal avec couvercle, en argent repoussé, gravé
et doré; décor de trois souverains debout, avec légendes
en latin. Allemagne, xviiie siècle.

120 — Grand bocal obconique avec couvercle, en argent gravé,
décoré de nombreuses armoiries. Allemagne, xviiie siècle.

121 — Très grand hanap avec couvercle, en argent repoussé, à
décor de danses de style antique. Travail allemand.

122 — Grande chope de forme cylindro-conique, avec couvercle,
décorée de deux zones à sujets allégoriques et mythologiques ;
argent partiellement doré.

123 — Gobelet sur trois pieds boules, en argent doré, avec
revêtement de rinceaux en filigrane. Stockholm, fin du
xviiie siècle.

124 — Hanap avec couvercle, en argent repoussé et gravé à décor
de personnages, rocailles et fleurs. Travail russe. xviiie siècle.

125 — Tasse avec présentoir, en argent doré, à décor de
cannelures. Époque Empire.

OBJETS DIVERS

126 — CHRIST en ivoire sculpté, dans un cadre-vitrine en marqueterie de cuivre et d'écaille. XVIIe siècle.

127 — BUIRE en lapis, montée en or émaillé ; sous le pied, la signature : *H. Duron, 1878.*

128 — COUPE en agate rubanée, sur pied en or émaillé, formé de deux divinités marines ; sous le pied, la signature : *H. Duron, 1878.*

129 — VASE avec couvercle, en ancien émail de Venise, à décor de godrons, à motifs dorés, sur fond blanc, et se détachant sur champ bleu.

130 — DEUX GRANDES TORCHÈRES en bois sculpté et doré, composées, l'une, d'une statue de bacchant ; l'autre, d'une statue de Cérès debout, sur socle à rocailles. XVIIIe siècle. Contre-socle simulant le marbre.

131 — DEUX GOURDES en ancien émail cloisonné de la Chine, à fleurs sur fonds bleu et jaune ; bases en bois sculpté.

SCULPTURES

132 — GROUPE en terre cuite, par *Clodion*, signé, composé de deux statuettes d'enfants nus, l'un debout, jouant du luth, l'autre assis, feuilletant un cahier de musique ; çà et là, sur le tertre servant de base, des volumes, des instruments de musique, une couronne de laurier. XVIIIe siècle.

Haut., 28 cent. ; larg., 23 cent.

133 — BUSTE en terre cuite, grandeur nature, du marquis de Verneuil, la tête tournée vers l'épaule droite. XVIIIe siècle.

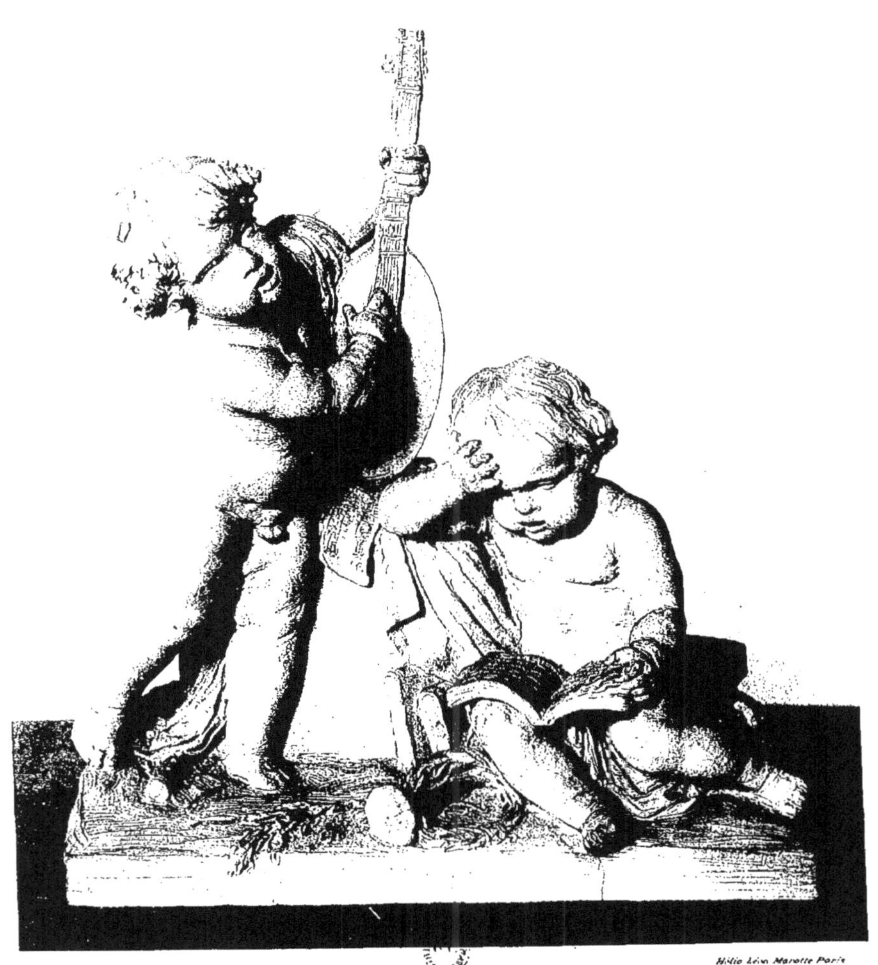

Hilie Léon Marotte Paris

134 — Buste en terre cuite, grandeur nature, portrait du
chevalier d'Eon, la tête tournée vers l'épaule droite, un
peigne dans les cheveux. xviiie siècle.

135 — Groupe en marbre blanc, composé de deux enfants nus,
allégoriques à l'Hiver ; base incrustée de marbre vert.
xviiie siècle.

136 — Fontaine en marbre blanc, composée d'une coquille
soutenue par un dauphin et surmontée d'une statuette de
Source. xviiie siècle.

BRONZES, PENDULES

137 — Petit vase sur piédouche, en bronze. Padoue, fin du
xve siècle. Il est décoré, sur sa panse, de mascarons, têtes
de satyres et d'oiseaux affrontés, séparés par des vases de
fleurs.
Vente Chappey, juin 1907.

138 — Deux bras-appliques à trois lumières, en bronze ciselé et
doré à rocailles et fleurs ; branches contournées à enroulements ; l'un d'eux signé : *Caffieri fecit.* Époque Louis XV.

139 — Pendule en bronze ciselé et doré à décor d'attributs
pastoraux, rocailles, feuilles et fleurs. Cadran signé : *Moisy,
à Paris.* Époque Louis XV.

140 — Lustre garni de pièces d'enfilage, fleurs et pendeloques
en cristal et cristal de roche.

141 — Deux grandes appliques à trois lumières, en bronze
doré, à enroulements, rocailles, fleurs et feuilles. Époque
Louis XV.

142-143 — Six bras-appliques à trois lumières, en bronze
doré, à rocailles, enroulements et feuilles de laurier.
Époque Louis XV.

144 — DEUX BRAS-APPLIQUES à deux lumières, en bronze doré, à enroulements et feuillages. Époque Louis XV.

145 — DEUX CANDÉLABRES à deux lumières, en bronze ciselé et doré, à décor de branchages et sur quatre petits pieds contournés; époque Louis XV. Ils sont ornés chacun d'une statuette de poussah assis, en ancien blanc de Chine.

146 — DEUX CHENETS en bronze doré, à figures de Chinois et Chinoise sur un motif contourné à galerie et rocailles. Époque Louis XV.

147 — PENDULE en marbre blanc et bronze doré, décorée de vases de fleurs et fruits, ainsi que d'appliques à rinceaux; cadran signé : *Cronier, à Paris*. Époque Louis XVI.

148 — DEUX CHENETS en bronze doré, modèle à vase et galerie surmontée d'une grenade et d'une cassolette. Époque Louis XVI.

149 — DEUX SOCLES en bronze patiné et doré et marbre blanc; décor d'amours sonnant de la trompe, avec rinceaux sur les côtés. Époque Louis XVI.

150 — PENDULE en bronze doré, formée de quatre pilastres portant un fronton surmonté d'un vase de fleurs; elle présente, sur trois faces, des plaques, en ancienne porcelaine tendre de Sèvres, décorées d'un mascaron, de rinceaux et d'attributs; mouvement signé : *Rouvière, à Paris*. Époque Louis XVI.

Vente Chappey, mai 1907.

151 — DEUX GRANDES GIRANDOLES du temps de Louis XVI, en bronze ciselé et doré, à trois branches porte-lumières, surmontées d'une cassolette pouvant former une quatrième lumière; tiges ornées de pentes de feuilles et flanquées de trois pilastres à partie supérieure en volutes.

Vente Mme X..., avril 1889.

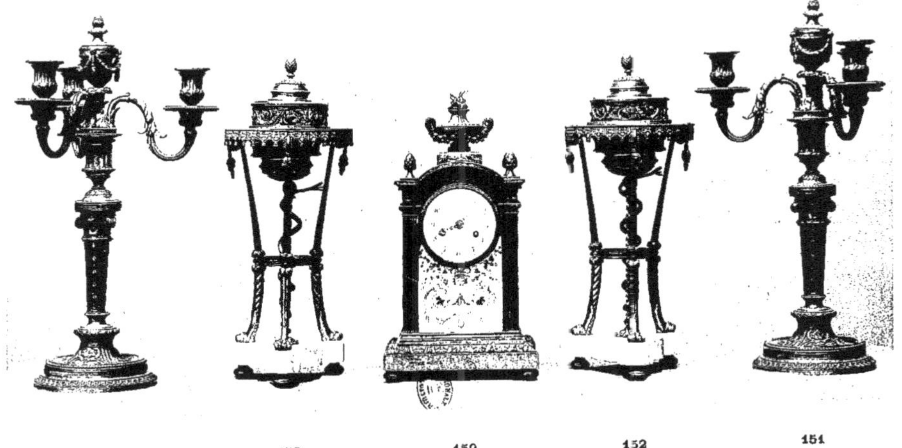

151   152   150   152   151

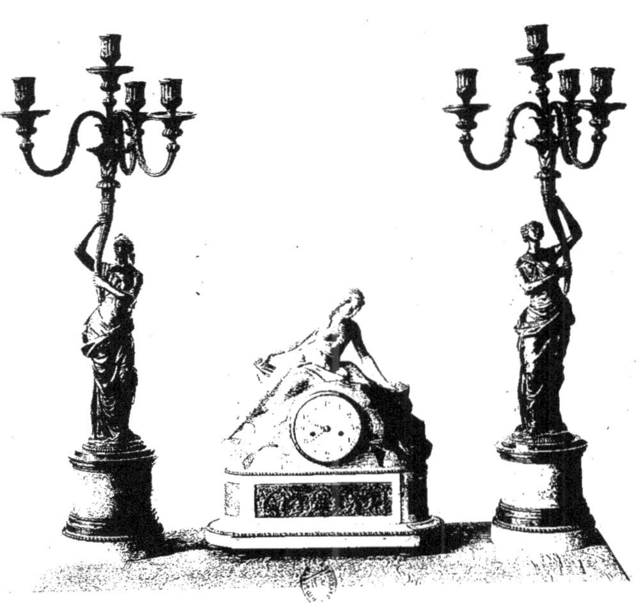

156   155   156

152 — Deux cassolettes-trépieds, en bronze ajouré et doré, à décor de rinceaux, draperies et tige centrale avec serpent. Les plateaux, en biscuit à fond bleu sont ornés de guirlandes; bases contournées en marbre blanc. Époque Louis XVI.
Vente de Mme Duval, novembre 1904.

153 — Deux flambeaux en forme de balustre, en cristal de roche; bordures et petites feuilles en bronze doré. Époque Louis XVI.

154 — Pendule en bronze doré et marbre blanc, ornée d'un groupe : jeune femme et deux amours; sur la base, frise de jeux d'enfants. Époque Louis XVI.

155 — Pendule en marbre blanc, ornée d'une statuette de femme nue assise sur une roche et se mirant dans une fontaine; frise de jeux d'enfants, en bronze doré, sur la base; cadran signé *Crosnier, à Paris*. Époque Louis XVI.

156 — Deux candélabres à quatre lumières, en bronze doré, à figures de femmes drapées, debout, tenant le bouquet de lumières ; bases en marbre blanc. Époque Louis XVI.

157 — Pendule en bronze doré et marbre blanc, ornée de deux statuettes : amour et jeune femme pleurant son oiseau mort, cadran multiple, signé : *Furet, à Paris*. Époque Louis XVI.

158 — Deux candélabres en bronze patiné, doré, et marbre bleu turquin, à figures de femmes debout, tenant le bouquet de lumières; guirlandes de fleurs et fruits sur la base. Époque Louis XVI.

159 — Deux flambeaux en bronze doré, tiges cannelées ; bases à feuillages. Époque Louis XVI.

160 — Statuette en bronze patiné : Vénus au dauphin. Fin du xviiie siècle ou commencement du xixe siècle.

160 ^bis — Statuette en bronze patiné : Mercure volant. Commencement du xixe siècle.

161 — STATUETTE en ancien bronze italien : Neptune debout, le bras gauche levé, retenant dans la main droite la queue d'un cheval marin placé à ses pieds.

162 — DEUX CANDÉLABRES à trois lumières, en granit rose et bronze doré, simulant un vase d'où s'échappe le bouquet de lumières à volutes. Travail italien de la fin du xviiie siècle.

163 — GRANDE PENDULE décorée d'un groupe en plâtre teinté : les Trois Grâces couronnant l'Amour ; base en marbre blanc ornée de bronzes dorés : mascarons et attributs ; cadran signé : *Manière, à Paris*. Fin du xviiie ou commencement du xixe siècle.

164 — PENDULE et deux candélabres en bronze doré et marbre vert de mer ; la pendule ornée d'une statuette d'empereur romain ; les candélabres composés chacun d'une figure de femme debout, drapée à l'antique et portant sur la tête le bouquet de lumières. Époque Empire.

SIÈGES COUVERTS EN TAPISSERIE

165 — CANAPÉ et cinq fauteuils couverts en tapisserie d'Aubusson du temps de Louis XV, à vases de fleurs sur fond blanc. Les bois des fauteuils seuls étant également du temps de Louis XV.

166 — SIX FAUTEUILS en bois sculpté et repeint gris, couverts en tapisserie à médaillons contenant des personnages et des sujets tirés des fables de La Fontaine ; fond rouge chargé de fleurs et rubans. Fin de l'époque Louis XV.

167 — FAUTEUIL en bois sculpté à fleurs et moulures, couvert en tapisserie d'Aubusson, à personnage chinois sur le dossier, et renard et cigogne sur le siège, avec encadrements de fleurs et rocailles sur contrefond rouge. Époque Louis XV.

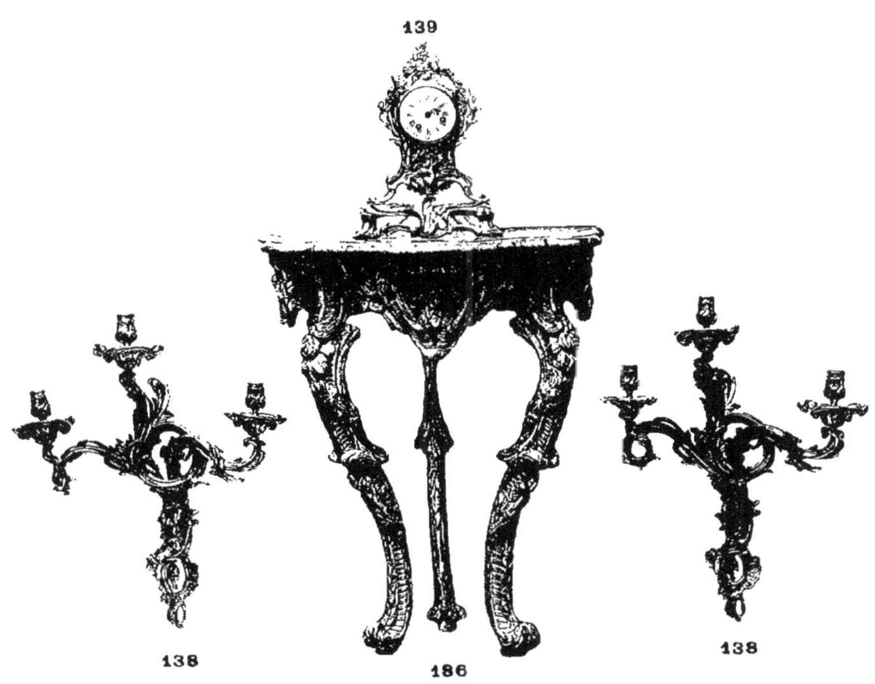

139
138
186
138

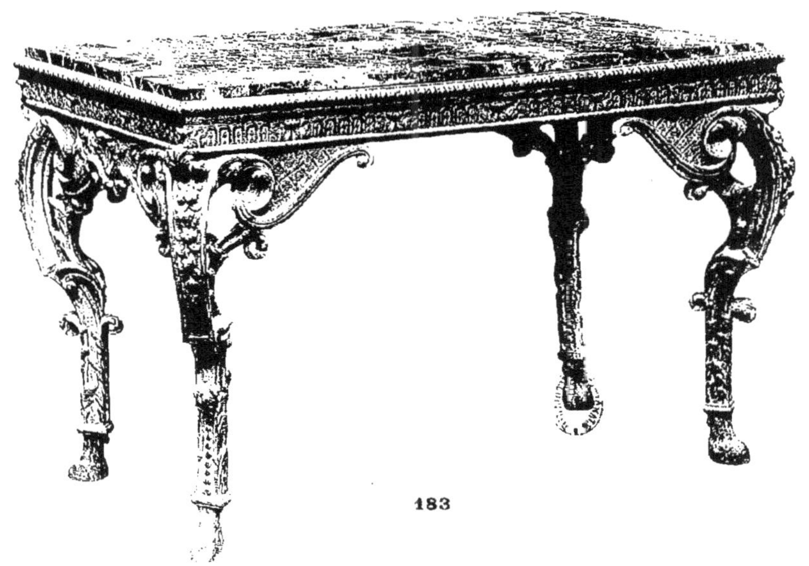

183

SIÈGES VARIÉS

168 — Bois de fauteuil sculpté, à fleurs et moulures. Signé : *S. Brizard.* Époque Louis XV.

169 — Grand fauteuil en bois sculpté, décoré, sur toutes ses faces, de rocailles avec feuilles sur les bras. Époque Louis XV. Il a été recouvert de damas vert.

170 — Fauteuil-bergère en bois sculpté à fleurs et moulures. Époque Louis XV. Il a été recouvert de velours vert.

171 — Deux fauteuils en bois sculpté à fleurs, feuilles et moulures. Signés : *Forget.* Époque Louis XV.

172 — Fauteuil en bois sculpté à feuilles et rocailles. Époque Louis XV. Il est recouvert en tapisserie au point.

173 — Banquette d'angle, en bois sculpté et repeint gris, du temps de Louis XV, à moulures; elle est couverte en velours d'Utrecht jaune et est accompagnée d'une pièce de tapisserie, du temps de Louis XV, à fleurs, pouvant servir à la recouvrir.

174 — Trois tabourets analogue à la banquette précédente.

175 — Petit tabouret ovale, en bois sculpté et doré, à décor de fleurs et moulures, du temps de Louis XV. Il est couvert de tapisserie au point, à fleurettes sur fond clair.

176 — Deux bois de fauteuil, sculptés et repeints gris, à décor de cannelures, feuilles d'acanthe, petites feuilles, etc.; accotoirs à petits balustres. Époque Louis XVI.

177 — Chaise en bois sculpté, dossier à lyre; décor de feuillages, petites feuilles, draperies, cannelures, etc. Elle est couverte en tapisserie au point à rayures sur fond rouge. En partie du temps de Louis XVI.

MEUBLES

178 — Grand meuble à deux corps, en bois sculpté, seconde
moitié du xvie siècle. Chaque corps est muni d'un vantail
et, à la ceinture du meuble, s'ouvre un tiroir. Il repose sur
deux lions accroupis. Le décor consiste en palmettes, masque
de satyre, cariatides, larges feuillages, etc. Fronton orné
d'une niche, d'un mascaron, de dauphins, etc.

Haut., 2 m. 68; larg., 1 m. 27; prof., 0 m. 50.

Vente Gaillard, juin 1904.

179 — Coffre de mariage en marqueterie de bois de couleur :
armoiries et grotesques. Travail italien, xvie siècle.

180 — Meuble à deux corps en bois sculpté, à figures mythologiques; incrustations de marbre; il ferme à quatre portes
et contient cinq tiroirs. xvie siècle.

181 — Grand paravent en bois doré et peint rouge et vert.
Feuilles en tapisserie flamande du xvie siècle, à personnages
symboliques.

Haut. des feuilles, 1 m. 22.; larg. des feuilles, 63 cent.

182 — Grande armoire-bibliothèque en bois de placage, ouvrant
à deux portes munies d'un treillis à la partie supérieure,
le bas étant plein; elle est surmontée d'une corniche
contournée. Époque Régence.

Encadrements, mascarons et bordures de bronze.

Haut., 2 m. 80; larg., 1 m. 65.

183 — Table rectangulaire, en bois sculpté et doré, à ceinture
décorée de petites feuilles et sur pieds de forme contournée,
à feuilles, volutes, quadrillés et pieds de biche. Époque
Régence. Tablette de marbre vert de mer.

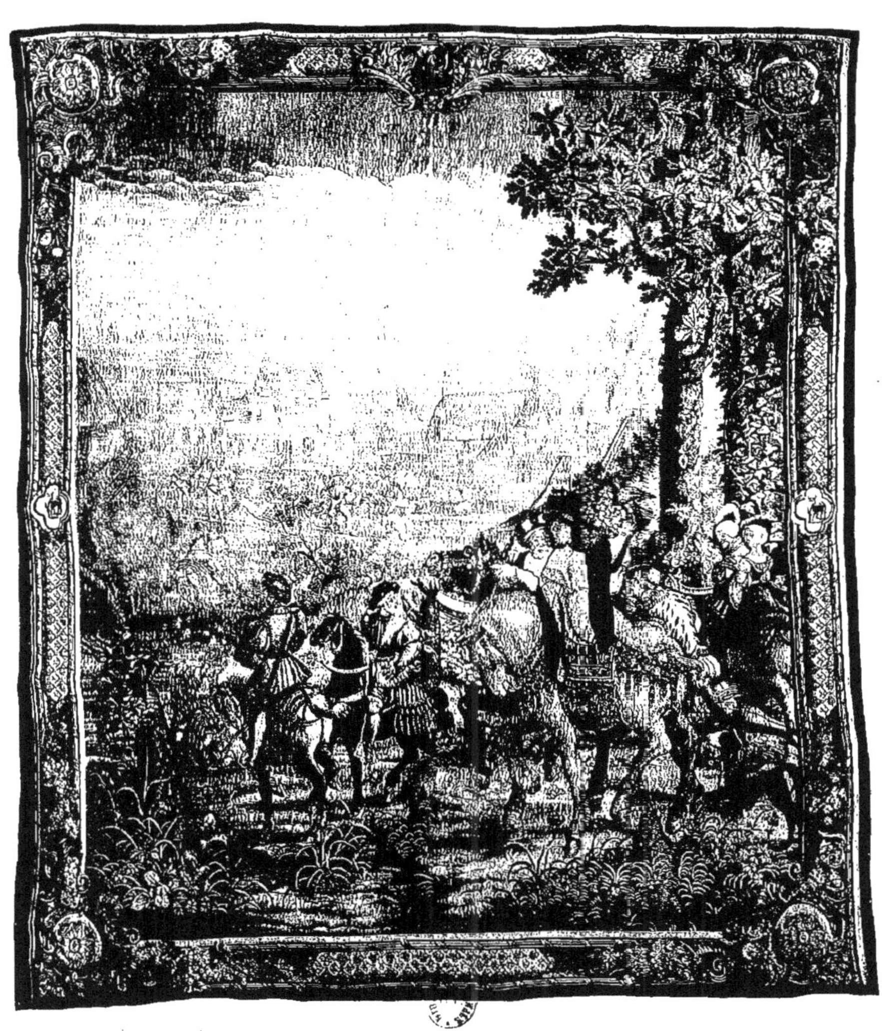

Hélio Léon Marotte Paris

184 — Commode à deux tiroirs, en laque, à décor de paysages
et fleurs de style chinois; poignées, entrées de serrures,
cul-de-lampe, chutes à rocailles, en bronze doré. Dessus de
marbre brèche d'Alep. Époque Louis XV.

185 — Encoignure à une porte, en marqueterie de bois de
couleurs, à trophées d'instruments de musique et damier.
Signée : *Boudin*. Dessus de marbre. Époque Louis XV.
Garnitures de bronzes.

186 — Console en bois ajouré, sculpté et peint gris et bleu,
à décor de fleurs, feuilles et rocailles; elle repose sur deux
pieds contournés et enguirlandés de feuilles et fleurs, ainsi
que sur un montant étroit fixé au dos. Dessus de marbre
brèche d'Alep. Époque Louis XV.

187 — Table-bureau en bois de placage, à trois tiroirs; garniture
de bronzes. Époque Louis XV.

188 — Table-pupitre en marqueterie de bois de couleurs à
quadrillés, avec écran mobile. Signée : *A. Bart*. Époque
Louis XV.

189 — Grand lit de milieu, en bois sculpté et redoré à rocailles
et fleurs. Époque Louis XV.

190 — Table de nuit de forme ronde, en marqueterie de bois de
couleurs à fleurs. Fin de l'époque Louis XV.

191 — Commode à trois rangs de tiroirs, en marqueterie de bois de
couleurs à petites feuilles comprises dans des entrelacs;
dessus de marbre. Fin de l'époque Louis XV. Garniture de
bronzes.

192 — Deux consoles en bois sculpté et redoré, à ceinture ornée
de rinceaux et sur deux pieds à volutes feuillagées reliés par
une traverse surmontée d'un vase; dessus de marbre blanc.
Époque Louis XVI.

193 — Bureau plat en bois satiné, muni de trois tiroirs ; moulure et anneaux de tirage en cuivre. Signé : *Becker*. Époque Louis XVI.

194 — Table-bureau à trois tiroirs, en bois de placage, garnie de bronzes décorés de rocailles. Époque Louis XV.

195 — Pupitre rond à quatre places, en bois de placage, avec plumier au centre ; entre chacun des abattants, un encrier en cuivre argenté. Époque Louis XVI. Sous la pièce, le nom de *Riesener*.

196 — Petite table rectangulaire, en acajou, à tablette de marbre blanc mobile, munie de deux petits tiroirs et d'une tablette à écrire. Elle repose sur deux pieds ajourés réunis par une traverse. Signée : *Schey*. Époque Louis XVI.

197 — Bureau bonheur du jour, en bois de placage à filets ; il est muni d'un volet et contient un tiroir ; le corps supérieur ferme à coulisse et présente trois petits tiroirs. Époque Louis XVI.

198 — Petit écran en tapisserie de Beauvais du temps de Louis XVI, corbeille de fleurs et attributs de l'Amour sur fond blanc avec encadrement de lauriers.

Haut., 70 cent. ; larg., 52 cent.

199 — Secrétaire à abattant et portes, plaqué d'acajou, garniture de bronzes, dessus de marbre gris. Époque Louis XVI.

200 — Cartonnier bout de bureau, plaqué d'ébène et garni de bronzes tels que : rosaces, draperies et pommes de pin. Il est muni de ses cartons en maroquin rouge doré aux fers. xviiie siècle.

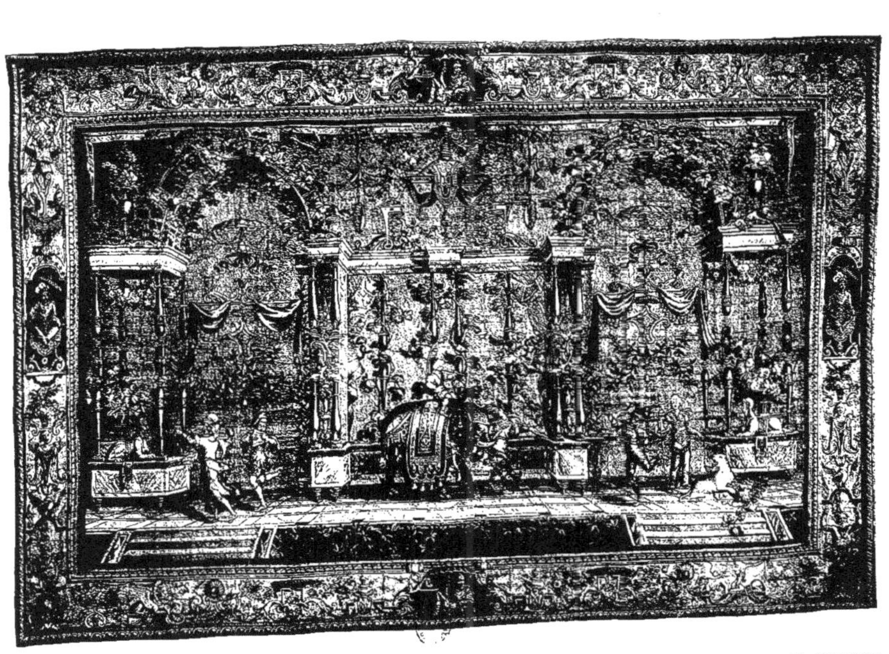

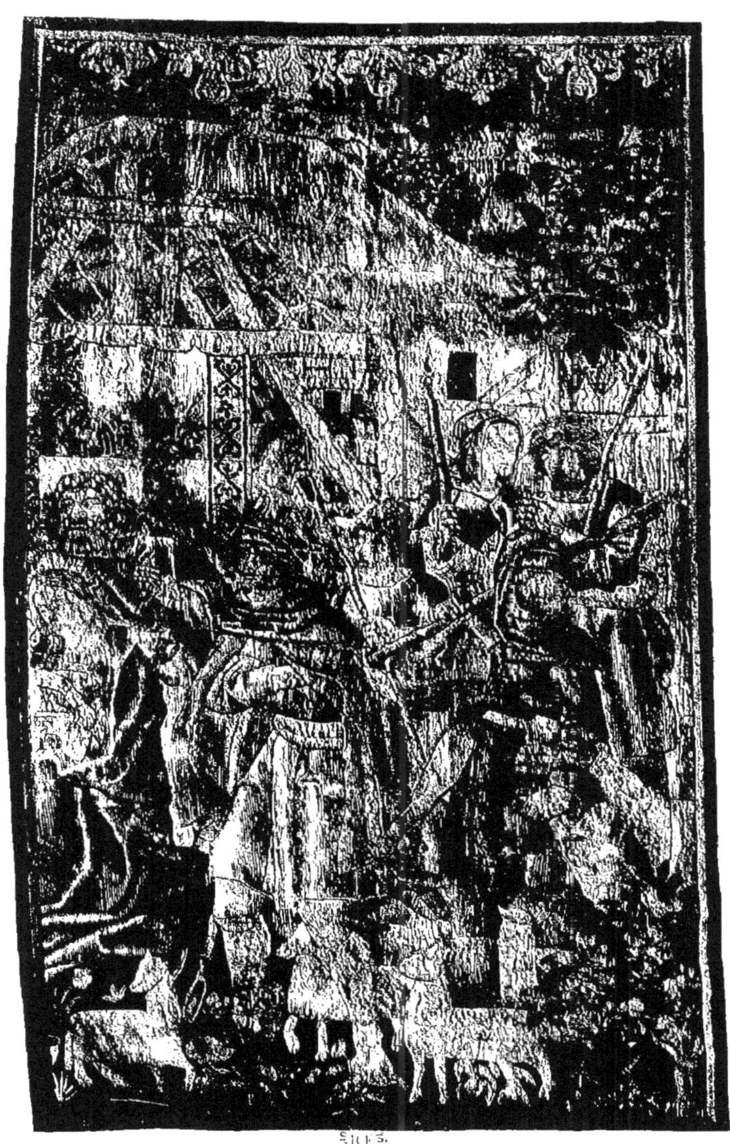

TAPISSERIES

201 — Tapisserie rectangulaire de la Manufacture royale des Gobelins, atelier de *De La Croix*, fin du xviie ou commencement du xviiie siècle : Le mois d'avril, ou le signe du Taureau, retour de chasse, de la tenture des belles chasses de Guise. De nombreux cavaliers, richement vêtus, viennent de suivre une chasse au faucon. Sur la droite, deux grands arbres; au fond, des valets de chasse et des chiens. Fond d'habitations. Bordure simulant un cadre avec fleurs, fruits et signe du Taureau sur les montants latéraux.

Haut., 4 m. 25 ; larg., 3 m. 45.

202 — Tapisserie rectangulaire de la Manufacture royale de Beauvais présentant, sur fond marron, des grotesques chinois, d'après Bérain : devant un portique fleuri défile un cortège. composé de deux groupes de danseurs et d'un éléphant richement caparaçonné avec panthère sur le côté; sur le portique, un perroquet; bordure claire chargée de personnages chinois, mascarons, figures, corbeilles de fleurs et animaux. Premier tiers du xviiie siècle.

Haut., 3 mètres; larg., 4 m. 55.

203 — Panneau en tapisserie flamande, de la fin du xve siècle ou du commencement du xvie siècle, présentant l'Adoration des bergers. Bordure d'époque postérieure rapportée à la partie supérieure.

Haut., 2 m. 70 ; larg., 1 m. 52.

204 — Tapisserie flamande, du xvie siècle, à sujets guerriers de style antique; bordure jaune à personnages, fruits, fleurs.

Haut., 2 m. 95 ; larg., 4 m. 40.

205 — Tapisserie rectangulaire tissée d'argent, présentant trois grands personnages couronnés de laurier et discutant devant l'entrée d'un parc. Large bordure à mascarons, figures, cartouches avec monogrammes M. A. et armoiries des ducs de Savoie. Ateliers de Paris, xviie siècle.

Haut., 4 m. 45 ; larg., 3 m. 55.

206 — Tapisserie flamande du xvii° siècle, présentant un paysage avec collines, habitations, cours d'eau, volatiles, etc. Bordure à cartouches, amours, vases, fleurs et fruits.

Haut., 3 m. 25; larg., 5 m. 15.

207 — Tapisserie flamande du xvii° siècle, présentant Cléopâtre assise auprès d'une table garnie de mets et entourée de suivantes en diverses attitudes. Fond d'architecture avec draperies relevées. Bordure à cariatides de femmes, cartouches, enfants tritons, fleurs et fruits, oiseaux, etc.

Haut., 4 m. 34; larg., 4 m. 50.

208 — Suite de deux tapisseries flamandes du xvii° siècle :

1° Deux femmes prennent et brisent les arcs de deux amours endormis.

2° Un adolescent, accompagné de trois femmes richement vêtues, assiste à la tonte des moutons.

Fonds de paysages. Bordures à coquilles, rinceaux feuillagés, cornes d'abondance, fleurs, etc.

Haut., 2 m. 55; larg., 2 m. 25.

209 — Tapisserie flamande du xvii° siècle : l'Enlèvement d'Europe.

Haut., 2 m. 50; larg., 1 m. 80.

210 — Tapisserie flamande du xvii° siècle, sujet mythologique : jeune femme sur un rocher, accompagnée de l'Amour, devant elle, un dieu marin dans les flots.

Haut., 2 m. 50; larg., 1 m. 80.

211 — Bande en tapisserie flamande du xvii° siècle, présentant des pampres sur fond bleu.

Long., 2 m. 55.

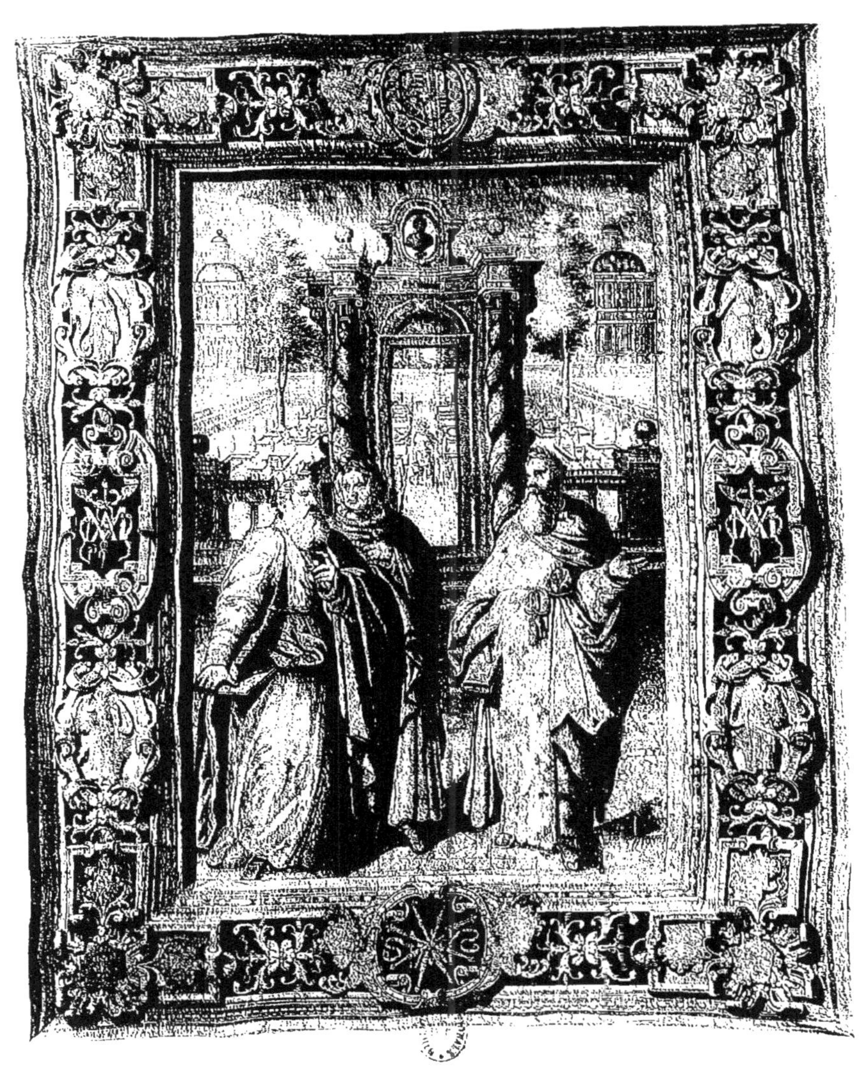

Ilit.n Léon Marotte Paris

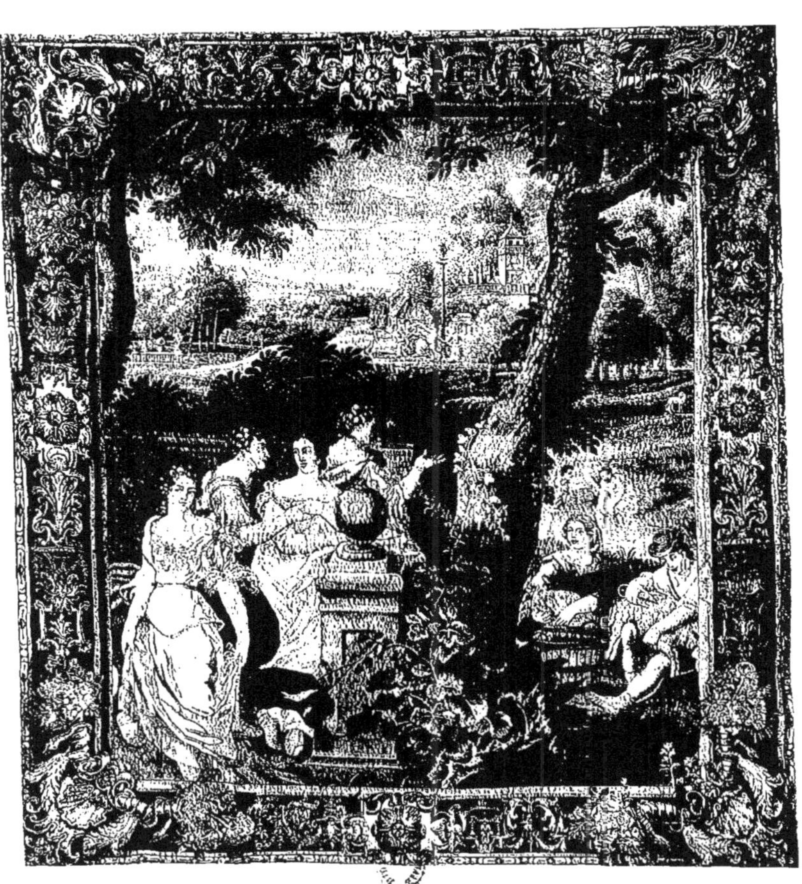

Hélio Léon Marotte Paris

212 — TAPISSERIE de la fin du XVIIe siècle, présentant une vue de port de mer ; au premier plan, de grands oiseaux et des coquillages.

Haut., 2 m. 30 ; larg., 5 m. 70.

213 — TAPISSERIE d'Aubusson du temps de Louis XV, présentant des paysans dansant ou festoyant dans la campagne ; bordure en partie du XVIIIe siècle à fleurs et rubans.

Haut., 2 m. 55 ; larg., 3 m. 10.

214 — DOSSIER et siège de canapé en tapisserie du temps de Louis XV, à sujet d'animaux avec entourage de fleurs et rocailles sur contrefond rouge.

215 — FRAGMENT de pièce pour siège en tapisserie du temps de Louis XV : maisonnette et animal, encadrés de fleurs.

216 — QUATRE DESSUS DE TABOURETS en tapisserie du temps de Louis XV : animaux, etc. Bordure rouge à fleurs.

217 — QUATRE TAPISSERIES du temps de Louis XVI : médaillons à sujets galants ou pastoraux, auxquels sont suspendues des corbeilles de fleurs ; encadrements de rubans ; fond blanc. L'une d'elles marquée : *M. R. D. B.*

Haut., 2 m. 40 ; larg., 1 m. 40.

218 — TAPISSERIE présentant un sujet champêtre à nombreux personnages occupés à la cueillette des pommes, faisant de la musique, etc., avec paon et canards. Fond de paysage et d'architecture. Bordure simulant un cadre. Italie (?). XVIIIe siècle.

Haut., 3 m. 22 ; larg., 5 mètres.

219 — TAPISSERIE flamande du XVIIIe siècle présentant Diogène dans un paysage ; bordure de fleurs, fruits, cartouches, etc., avec légende à la partie supérieure.

Haut., 2 m. 65 ; larg., 2 m. 30

220 — BANDEAU en ancienne tapisserie à sujet d'amours, paons et rinceaux fleuris.

Haut., 53 cent.; larg., 1 m. 55.

221 — BORDURE d'ancienne tapisserie à moulures simulées et fleurs.

222 — DEUX PANNEAUX en tapisserie d'Aubusson, présentant chacun deux trophées champêtres suspendus par des rubans sur fond brun. Bordures à cartouches, écoinçons et quadrillés, avec parties tissées de métal.

Haut., 3 m. 25; larg., 1 m. 95.

223 — TAPIS de table en tapisserie au point, à décor de grosses plumes et de rubans. Époque Louis XIII.

Larg., 2 m. 20; long., 3 m. 20.

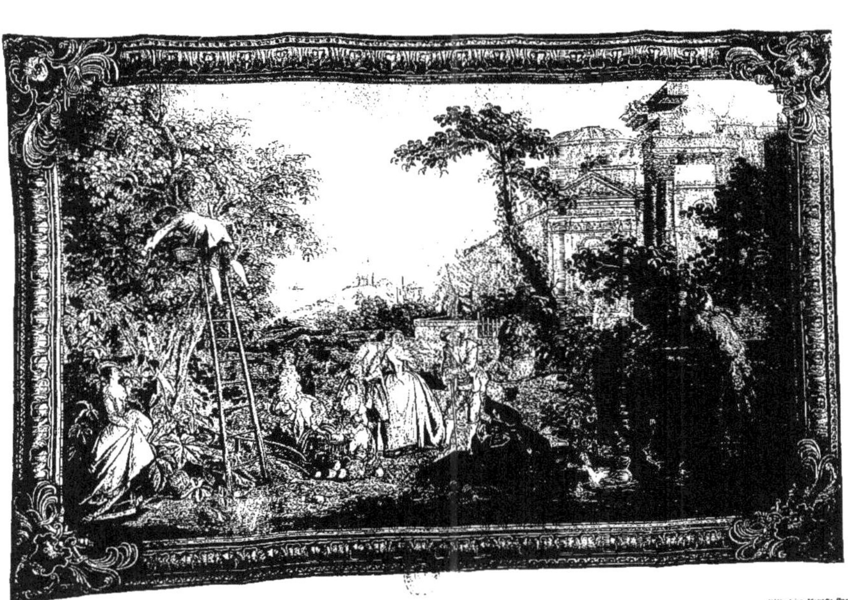

218

www.ingramcontent.com/pod-product-compliance
Ingram Content Group UK Ltd.
Pitfield, Milton Keynes, MK11 3LW, UK
UKHW021434090726
13657UKWH00003B/1083